CONVENTION

DU 15 SEPTEMBRE

PAR M. DE FALLOUX

(EXTRAIT DU CORRESPONDANT, N° DU 25 OCTOBRE 1864.)

PARIS

CHARLES DOUNIOL, LIBRAIRE-ÉDITEUR

29, rue de Tournon, 29

1864

CONVENTION

DU 15 SEPTEMBRE

⟞⟨∾⟩⟶

ORONTE.

Madame, c'est à vous de parler sans contrainte.

ALCESTE.

Madame, vous pouvez vous expliquer sans crainte.

ORONTE.

Vous n'avez qu'à nous dire où s'attachent vos vœux.

ALCESTE.

Vous n'avez qu'à trancher et choisir de nous deux.

ORONTE.

Quoi! sur un pareil choix vous semblez être en peine!

ALCESTE.

Quoi! votre âme balance et paraît incertaine!

CÉLIMÈNE.

Mon Dieu! que cette instance est là hors de saison!
Et que vous témoignez tous deux peu de raison!
Oui, je souffre, à vrai dire, une gêne trop forte
A prononcer en face un aveu de la sorte;
Je trouve que ces mots, qui sont désobligeants,
Ne se doivent point dire en présence des gens,

Qu'un cœur de son penchant donne assez de lumière,
Sans qu'on nous fasse aller jusqu'à rompre en visière.
  (A Éliante.)
Dites-moi si jamais cela se fait ainsi.

ÉLIANTE.

N'allez point là-dessus me consulter ici ;
Peut-être y pourriez-vous être mal adressée.
Et je suis pour les gens qui disent leur pensée.

Molière, *le Moniteur* et *le Constitutionnel* ont déployé tout leur talent pour prolonger la même situation durant. cinq actes. Molière, par un des chefs-d'œuvre de l'esprit humain, a gagné sa gageure ; *le Moniteur* et *le Constitutionnel* semblent en train de perdre la leur. De tous les côtés à la fois on les presse, on les interpelle, on se déclare enfin, comme Éliante, du parti des gens qui disent leur pensée. Je demande la permission de faire à mon tour comme tout le monde, et de réfuter de mon mieux les sophismes amassés sur une si haute question par la main même de ceux qui devraient y répandre la lumière.

En examinant la convention du 15 septembre dans les seules conditions qui nous soient connues, je ne me permettrai pas de rien préjuger au point de vue de Rome. Le Souverain Pontife délibère à cette heure et passe alternativement de son oratoire à la chambre de son conseil ; ses enfants n'ont d'autre marque de dévouement à lui offrir que d'attendre, de respecter et de servir ses résolutions quelles qu'elles soient. Mais il nous appartient et il nous importe d'examiner la convention au point de vue de la France, au point de vue de notre honneur et de nos intérêts. C'est uniquement ce que je me propose ici, parlant, je le crois, plus encore en citoyen qu'en catholique. Le génie de la Papauté et l'élan des fidèles triompheront peut-être des obstacles accumulés ; mais ce ne

— 5 —

sera pas alors par le secours de notre diplomatie, ce sera par
l'assistance divine, bien clairement manifestée. Les plénipotentiaires français auront été plus heureux que sages, et les
plénipotentiaires du Piémont seront profondément déçus.

Le premier motif de surprise du public, éveillé en sursaut
par la nouvelle d'un traité conclu au sujet de l'occupation
française à Rome, fut d'apprendre que ce traité avait été
signé à l'insu du Souverain Pontife, et que le Piémont seul
avait été appelé à en régler les clauses. Il y eut même ici un
double étonnement : celui de voir le gouvernement traiter du
Pape sans le Pape, celui de voir le gouvernement traiter de la
France sans la France, et nos députés réduits à chercher
dans les débats du parlement de Turin ce qui a été négocié à
Paris. Les apologistes de la convention du 15 septembre
s'étonnent et s'irritent de ce double étonnement. C'est donc
sur ce premier point qu'il faut s'expliquer d'abord. Je vou-
drais le faire à l'aide d'une comparaison, afin de dégager la
discussion des entêtements de parti pris ou des préventions
invétérées qui aveuglent le jugement. Transportons le fait
actuel sur un terrain où nous ne trouvions ni Pape, ni Église,
ni controverse religieuse. Cherchons dans les souvenirs contemporains un État protégé par la France, en possession de
la sympathie du *Constitutionnel* et du *Moniteur* d'autrefois.
Prenons, par exemple, la Belgique.

La France de 1830 avait pris hautement sous son égide
l'existence du royaume belge. Elle avait même envoyé ses
troupes pour lui prêter main-forte. Eh bien ! figurons-nous
qu'en pleine protestation du gouvernement français en faveur
du gouvernement belge, la Hollande eût fait soudainement
irruption sur le territoire de nos protégés et s'en fût appro-
prié les deux tiers. Supposons que le ministère de M. Casi-

mir Périer fût demeuré immobile, et qu'à quelques années d'intervalle le ministère de M. Guizot eût consenti, dans l'intérêt de la Belgique, une convention mystérieuse soigneusement cachée au roi Léopold, et stipulant uniquement avec la Hollande le terme de notre protectorat. Qu'en eût dit *le Constitutionnel?*

Si la Belgique ne lui agrée point, prenons un exemple plus proche et qu'il soit impossible de récuser. L'empereur Napoléon III entretient aujourd'hui même une armée d'occupation bienveillante dans le Mexique, comme dans les États romains. Supposons que les indiscrets qui nous ont appris la convention franco-piémontaise nous aient révélé au contraire que c'était Mexico qui, à date fixe, serait complétement évacué, et que c'était avec la république des États-Unis que nous venions d'en contracter l'engagement ; que penseraient encore nos adversaires ? Quelle logique invoqueraient ceux qui nous reprochent notre blâme sur la convention italienne ?

Il est donc de toute évidence qu'avec de certains hommes et de certains publicistes, les faits changent de portée, les mots changent de sens, selon qu'il s'agit des sympathies ou des antipathies du moment. Avec le Piémont, avec le Mexique, protéger veut dire protéger, avec les États pontificaux, protéger veut dire livrer.

Si maintenant nous passons des signatures du traité à ses clauses, avons-nous lieu de nous déclarer plus satisfaits ? Il est vraiment étrange qu'on nous le demande, et que, du jour où l'on se décidait à publier une pareille convention, on n'ait pas, en même temps, pris son parti du sentiment et du langage qu'elle ne pouvait manquer de nous inspirer.

Comment peut-on contester de bonne foi que l'existence tout entière du pouvoir temporel n'y soit directement intéressée et fondamentalement compromise ? L'acte que le Piémont vient de nous arracher est sa victoire la plus décisive depuis 1859 ; c'est une de ces batailles gagnées en rase campagne, dont le contre-coup fait évacuer une ville. C'est ainsi que Magenta fit vider Milan par les Autrichiens, mais ce n'est pas ainsi que le Piémont devait obtenir notre départ, quoique la capitulation autorise nos soldats à se retirer en bon ordre et à pas lents.

Catholiques ingrats, nous dit-on, vous oubliez quelles garanties sont assurées au Saint-Siége : faculté de créer une armée, engagements respectueux imposés au Piémont ; Pie IX est replacé dans la situation normale de tous les souverains ses pareils, et s'il n'a pas, dans les vices mêmes de son gouvernement, la propre cause de sa destruction, nous lui rendons un éclatant service, en ajoutant à son indépendance sans nuire à sa solidité.

Non, nous n'oublions. pas les sûretés que le Pape doit à votre sollicitude ; assurément elles seraient suffisantes si elles étaient sérieuses, mais peuvent-elles être sérieuses ? Vous dites que vous replacez Pie IX dans le droit commun des souverains ; en êtes-vous bien sûrs ? Ne le placez-vous pas, au contraire, dans une situation monstrueusement exceptionnelle ? De quel droit, en effet, écrivez-vous dans un traité qu'un souverain aura la faculté de créer une armée ? n'est-ce pas un attribut inséparable de la souveraineté ? Montrez-nous un prince, un seul parmi les fauteurs ou les spectateurs indifférents de la situation faite au pape, qui en acceptât une semblable pour lui-même. La nation la plus militaire, le gouvernement le plus habitué à l'organisation et au maniement des troupes, reculerait devant la tâche improvisée que vous imposez à un vieillard à la tête d'un gouvernement ecclésiastique, à la tête d'une population séculairement pacifique. Mais, en outre, vous omettez les circonstances qui, de votre fait ou de votre consentement, ont aggravé encore toutes les difficultés inhérentes au Saint-Siége ; vous omettez les ruses, les violences à l'aide desquelles, dequis quatre ans, on a étouffé dans leur germe les essais d'organisation répressive et défensive. Le Saint-Père avait dans son royaume des contrées populeuses, énergiques, aptes à l'enrôlement militaire. Ce sont précisément celles qu'on a commencé par lui ravir, et ce noyau même d'armée, je dédaigne de vous rappeler comment on l'a fait disparaître.

Soit, m'accordera-t-on ; le Saint-Père ne recrutera pas ses soldats parmi des sujets qu'il n'a plus ou parmi les pâtres clair-semés de la campagne romaine ; mais il est le chef spirituel de tous les catholiques, et nous le laissons libre de faire entendre sa voix parmi les nations étrangères.

D'abord, est-il bien démontré que vous lui laissiez cette liberté ? Jusqu'à ce jour, ce n'est pas même à cette tolérance que vous nous aviez accoutumés. Non seulement vous interdisiez, et vous interdirez plus que jamais, l'appui régulier et collectif des puissances catholiques, mais vous avez gêné et vous avez puni autant qu'il dépendait de vous le moindre effort individuel. Comment avez-vous encouragé la poignée de jeunes héros qui s'étaient rangés sous les ordres de La Moricière ? Vous les avez menacés de perdre leur qualité de Français, et des préfets, fouillant les listes électorales, ont déclaré à quelques centaines d'électeurs de vingt ans, qu'ils avaient démérité de la France et qu'ils étaient rayés des tablettes du suffrage universel. Le denier de saint Pierre n'était pas beaucoup plus favorisé. A Lyon, il fut interdit et tandis qu'on inondait la

Bourse de rentes italiennes, l'emprunt romain subit de fâcheux délais. Il faut donc convenir que si on a résolu de longue main le retrait des troupes, on n'a ni préparé, ni facilité d'aussi loin le recrutement de l'armée pontificale.

Le Saint-Père s'adressera-t-il à toutes les parties de l'Italie? le Piémont s'écriera qu'on amasse des Parmesans, des Modénais, des Toscans et des Napolitains, pour comploter à Rome des restaurations; qu'il y a là menace pour l'unité italienne et *casus belli* pour Victor-Emmanuel; cela est écrit déjà dans l'article III de la convention. Mgr de Mérode enverra-t-il des sergents recruteurs en Allemagne? C'est la France alors dont on provoquera la susceptibilité; tout soldat allemand deviendra un soldat autrichien et une avant-garde de la réaction autrichienne. Quant à la Belgique et à la Suisse, elles fournissent déjà une portion du contingent actuel des bataillons romains. Reste la nation espagnole, mais on n'ignore pas qu'elle a bien des motifs pour ne pas heurter inconsidérément la politique de la France. La tribune de Madrid a retenti déjà de nos menaçantes injonctions à propos de la question romaine. Qui nous garantit d'ailleurs que ce pays lui-même n'aura pas bientôt à s'occuper de ses propres affaires?

Voilà donc l'état normal fait au Saint-Père et les facilités assurées à l'organisation de son armée! — Interdiction du droit accordé à tout souverain d'en appeler régulièrement de puissance à puissance; droit limité au simple individu dans chaque pays, et difficulté spéciale à chaque pays pour le recrutement individuel. Ajoutons que le Saint-Siége n'est pas réduit à une situation moins extraordinaire par rapport à ses frontières. Ce sera le seul État connu dans le monde que ses protecteurs auront enfermé au centre d'un cercle fort étroit et dont la circonférence tout entière est enveloppée d'éléments absolument hostiles. On a creusé une mine sous le palais du Vatican ; on l'a entouré de toutes les matières combustibles imaginables, puis l'on nous dit avec bénignité : — Maintenant, tout est calme, dormez tranquilles. Eh bien ! je le répète, ce n'est là ni la faute du Pape, ni la faute d'aucune institution bonne ou mauvaise ; c'est un ensemble de périls, c'est une disproportion entre la défense et l'attaque que le gouvernement le plus fort ne braverait pas plus que le gouvernement le plus débile. Sous la Restauration, le roi Louis XVIII s'est ému à Paris, parce que le roi Ferdinand VII était prisonnier à Cadix. Après la révolution de 1830, le gouvernement français s'est ému parce que le prince Louis-Napoléon Bonaparte avait reçu l'hospitalité dans les cantons suisses, et la guerre ne fut conjurée, si je ne me trompe, que par l'éloignement du jeune proscrit. Chaque matin, les journaux italiens réclament l'éloignement du roi de Naples et ils signalent sa présence à Rome comme un danger permanent pour la cause de l'unité. Enfin, le gouvernement impérial lui-même, après l'attentat d'Orsini, voulut exiger de l'Angleterre l'expulsion de quelques réfugiés italiens, et le *Moniteur* enregistra durant six semaines des adresses qui poussaient à une déclaration de guerre contre la Grande-Bretagne. Pour le Pape, c'est bien d'autre chose qu'il s'agit. Ce ne sont pas quelques menaces isolées, au sein de nations et sous la main de gouvernements alliés ; ce sont des révolutions triomphantes et dans tout l'enivrement de leur triomphe, qui l'enserrent et qui placardent sur toutes les murailles de l'Italie leur prétention absolue sur le dernier débri de l'État pontifical.

Voilà, sans exagération comme sans illusion, la vérité

politiquement parlant. Maintenant, je le répète, j'admets bien volontiers la thèse opposée ; j'admets avec bonheur que la catholicité trouve dans sa foi des élans qui bouleversent l'échiquier des conspirateurs et des diplomates. J'admets, car l'on n'a point encore imposé à Dieu le principe de non-intervention, que tous les clergés de l'Europe se mettent à prêcher la guerre sainte, et que les meilleurs capitaines de notre temps viennent reprendre au Vatican l'étendard pontifical couvert de gloire à Lépante. Mais enfin, nous ne connaissons que la convention du 15 septembre et nous ne possédons point le secret des desseins du ciel. Continuons donc à raisonner humainement et selon les probabilités humaines.

Eh bien ! si le Pape, dépouillé, garrotté, cerné, traqué de toutes parts, triomphe à la fois de toutes les violences et de toutes les embûches, obtiendra-t-il du moins une trêve ? Non, non, le thème des hostilités acharnées est déjà tout prêt et un dilemme inexorable est posé d'avance : « Ou bien le « Saint-Siége parviendra à se faire accepter librement, dit « le *Journal des Débats*, en abaissant les barrières qui les « séparent du reste de l'Italie ; en ce cas, l'annexion morale « précédera et préparera l'annexion matérielle ; ou bien il « s'imposera par la terreur ; les emprisonnements et les sup- « plices contiendront les sentiments des Romains, les vio- « lences de Pérouse se renouvelleront peut-être dans la Ville « éternelle ; mais alors la consternation douloureuse de « l'Europe comme celle du Saint-Père attestera bien haut « qu'au xixᵉ siècle, un pape-roi, au nom de qui des mas- « sacres s'exécutent, est encore plus impossible qu'un Sou- « verain Pontife débarrassé de tout pouvoir temporel, pro- « tégé par le respect universel, et puisant l'indépendance

« dans son désintéressement des nécessités politiques [1]. »
Ceci s'appelle parler net. Pas d'équivoque, et l'alternative
est rigoureusement déduite : ou victime ou tyran ! ou le
Saint-Père sera faible, et alors ses ennemis abuseront de sa
faiblesse ; ou le Saint-Père sera fort, et alors on se fera de
sa force même une accusation meurtrière devant laquelle il
succombera, incessamment outragé, moralement détrôné,
comme a succombé plus d'un autre souverain depuis soixante
ans. Toujours envers lui deux poids et deux mesures : main-
tenir son autorité s'appelle pour le Pape massacrer ses sujets,
comme à Pérouse ; tirer sur ses sujets à Turin s'appelle faire
respecter l'ordre ou sauver la patrie, comme à Gênes, il y
a quinze ans, comme à Naples tous les jours. Et voilà ce
qu'on appelle une situation régulière et des passions apai-
sées ! Non, non, le Pape n'est plus un souverain ; le Pape
est un patient lié aux quatre membres et qui attend le bour-
reau ! La Papauté n'en est plus aux catacombes, mais elle
retourne au martyre !

Passons maintenant aux engagements respectueux du
Piémont.

Le Constitutionnel ne nous dit pas si les premiers pour-
parlers sont nés en Savoie, et si on y a juré : foi de Cham-
béry ! Mais, à part ce détail, qui peut aujourd'hui parler de
l'autorité des traités sans rire ou sans rougir ? Et je n'entends
pas les traités relégués dans nos archives et tracés sur des
parchemins moisis ; j'entends les traités les plus récents et
dont l'encre est à peine séchée. Qu'ont produit en Italie les
signatures échangées à Zurich ? Qu'a valu au Danemark la
convention de 1852 ? A quoi a servi, dans l'expédition du

---

[1] *Débats* du 1er octobre 1864.

Mexique, l'acte qui devait assurer là coopération de l'Espagne et de l'Angleterre? Et dans ce désarroi général des engagements internationaux, qui s'est accordé des allures plus cavalières que le Piémont? Qui ne se rappelle Garibaldi, partant pour Marsala, désavoué et poursuivi à toute vapeur dans la *Gazette officielle* de Turin du 17 mai 1860, salué comme libérateur dans un manifeste de Victor-Emmanuel du 9 octobre de la même année? Et d'ailleurs, il faut être équitable, même envers ceux qui n'en donnent pas l'exemple. A quoi bon solliciter le départ de nos troupes, si le Piémont n'y voyait pas clairement le préliminaire de sa propre entrée à Rome? Notre occupation, depuis plusieurs années, s'exerçait, pour une bonne part, à son profit; nos soldats surveillaient, d'accord avec les bersaglieri, les provinces napolitaines; nos généraux, les documents officiels le proclament, entraient souvent en conflit de juridiction avec les autorités pontificales, et à chacun de ces conflits, le Piémont battait des mains. Il se serait donc bien gardé de changer un pareil état de choses, sinon contre un meilleur. Loin de provoquer notre départ comme celui d'un adversaire, il l'aurait prolongé de tous ses vœux comme celui d'un auxiliaire indirect, mais quotidien, s'il n'avait pas envisagé, dans la nouvelle convention, un progrès rapidement définitif. Le Piémont a bien compris qu'on ne se passait pas un Pape de la main à la main, sans cérémonie, sans formalité; il a eu la logique et la sagacité de son ambition. L'impunité une fois passée en coutume, pourquoi s'arrêterait-il?

Le dénoûment du drame actuel ne peut donc faire l'objet d'un doute sincère : ou la Providence signera d'ici à deux ans une contre-convention avec la Papauté, ou les Piémontais, qu'ils partent de Turin, qu'ils partent de Florence, seront à Rome, en vertu d'un prétendu plébiscite, d'une émeute disciplinée ou d'un massacre, mes successeurs effrontés. Cette conjecture, du reste, n'est point une prédiction, c'est un souvenir. L'Empereur a lui-même tiré cet augure, et si l'on veut bien ouvrir le *Moniteur* du 12 octobre 1859, on y lira ces mots, en réponse au cardinal Donnet : « L'Europe ne peut permettre que l'occupation « qui dure depuis dix années se prolonge indéfiniment, et « quand notre armée se retirera, que laissera-t-elle derrière « elle? l'anarchie, la terreur ou la paix? » A en juger par la surprise qu'ont exprimée à l'envi les organes de tous les cabinets, il n'est pas présumable que ce soit l'Europe qui, selon l'expression extrêmement courtoise de l'Empereur, ait *cessé de permettre* le prolongement indéfini de notre occupation. Mais ce qui reste intact dans le discours de Bordeaux, c'est le dilemme impérial posé entre la terreur et la paix, et c'est précisément cette prévision autorisée de si haut qui me fait frémir pour la responsabilité de la France. Je ne me préoccupe pas de la façon dont les Piémontais sortiront de Rome. Là-dessus je m'en repose sur l'histoire, et je relis quelquefois, pour me fortifier dans ma sérénité, cette charmante page de saint François de Sales : « Entre les perdrix, « il arrive souvent que les unes dérobent les œufs des autres « pour les couver..., et voicy chose estrange et néanmoins « bien tesmoignée ; le perdreau qui aura esté esclos et nourri « sous les aisles d'une perdrix estrangère, au premier ré- « clam de sa vraye mère, quitte la perdrix larronnesse, se « rend à sa première mère et se mest à sa suite par la cor- « respondance qu'il a avec sa primitive origine. » Je suis donc confiant dans les réparations de l'avenir ; les Romains tiendront toujours la Papauté pour leur mère véritable, et tôt ou tard ils lui reviendront, échappant, comme ils l'ont toujours fait, à la puissance *larronnesse*. Mais ce qui m'inquiète, c'est la façon dont s'exécutera le larcin, et quels sanglants reproches pourrait avoir à nous adresser l'humanité. Le successeur de saint Pierre et de saint Léon ne pâlira pas devant le successeur d'Attila. Il pourra lui dire, et peu nous importe : — Je vous connais de vieille date; au moyen âge vous portiez le nom d'Empereur d'Allemagne; il y a trois siècles, vous vous appeliez le connétable de Bourbon ; parmi nos contemporains vous vous êtes appelé Napoléon Ier. Vous voulez commencer comme eux, comme eux vous finerez aussi. — Mais, tournant ensuite son regard attristé au delà de l'Apennin et des Alpes, l'auguste vieillard ne s'écriera-t-il pas douloureusement : — France, France, que t'avais-je fait, et pourquoi m'as-tu abandonné; j'avais baptisé tes ancêtres, et j'ai toujours béni tes enfants; était-ce à toi de me trahir aussi dans un baiser.

Ah! je le dis du fond de ma conscience, ce n'est pas ici le catholique qui s'épouvante, c'est le Français qui s'indigne, et si de tels événements s'accomplissent, si de telles paroles se font entendre, qu'aurons-nous à répondre devant les hommes et devant Dieu.

Enfin dois-je discuter une dernière garantie, celle que l'on prétend nous faire accepter dans le nom du ministre des affaires étrangères et dans les dépêches à nos ambassadeurs?

J'ai reculé autant que je l'ai pu devant le nom de M. Drouyn de Lhuys; je me crois exempt d'animosités personnelles; je ne me sens pas aigri par le chagrin, inséparable compagnon de l'honnête homme qui porte dans son cœur un dévoûment inutile, et il m'en coûte particulièrement de rencontrer ici le ministre près de qui j'ai eu l'honneur de siéger en 1849. Toutefois aucun égard, quelque légitime qu'il soit, ne doit l'emporter sur la vérité, et je suis sûr que, si mon ancien collègue est aujourd'hui loin de moi, du moins il me reconnaîtra.

Le tort de M. Drouyn de Lhuys, à mes yeux, ne date pas seulement des derniers actes de son ministère, mais du jour même de sa rentrée au pouvoir. Ce jour-là, et j'en ai des témoins qu'il ne peut pas récuser, je fus convaincu que le successeur de M. Thouvenel n'avait pas pris les précautions qu'exigeaient impérieusement ses antécédents et son programme. La première de ces précautions et précisément la plus négligée, c'était un concert préalable et formel avec le ministre de l'intérieur. — Un gouvernement, disais-je alors, ne met pas en contradiction sa politique du dehors de sa politique du dedans. Si le ministre des affaires étrangères doit réellement travailler au maintien et à la consolidation du pouvoir temporel, il ne faut pas que le ministre de l'intérieur prépare et accomplisse les élections dans un sens diamétralement opposé. Cette question du pouvoir temporel soulève assez de difficultés pour avoir besoin de défenseurs ; et si l'on veut résolûment soutenir une lutte sur ce terrain, on ne doit pas commencer par écarter tous ses champions. Que M. Drouyn de Lhuys y prenne garde ! S'il lance sa barque désemparée sur des courants plus forts qu'elle, et sans la certitude de jeter l'ancre, il sera entraîné jusqu'au bout. Les passions qui le domineront plus tard sont assez maîtresses d'elles-mêmes pour laisser renouveler le Corps législatif sur une fausse sécurité ; mais elles reprendront bientôt le chemin du but, et, la crise électorale une fois traversée, ce sont les catholiques qui auront perdu tout le temps qu'ils croyaient avoir gagné.

Mon triste pressentiment ne s'est que trop justifié. Non-seulement le ministre de 1849 a signé la Convention de 1864, mais il a rédigé des dépêches qui en sont plutôt l'aggravation que le corollaire. A mes yeux, la dépêche lue par le comte de Sartiges au cardinal Antonelli est un document qui n'aurait jamais dû trouver place dans les annales de la diplomatie française. Elle ne me semble ni généreuse dans le choix de son heure, ni juste dans le choix de ses arguments.

En effet, ce n'est pas au moment où nous retirons à Pie IX l'appui de nos forces matérielles qu'il nous sied de détruire, en ce qui dépend de nous, sa force morale ; celui que nous abandonnons au seul prestige des principes qu'il représente, nous ne devions pas à la même heure l'attaquer dans l'essence de ces principes mêmes. C'est un adieu d'ami formulé comme un préambule de déchéance.

Nous ne devions pas oublier davantage la condescendance due au plus faible par le plus puissant. La Fontaine, qui lui aussi écrivit à sa façon une histoire universelle, nous montre le loup, cousin du renard, querellant et calomniant l'agneau avant de le dévorer. L'immortel fabuliste n'eût pas prêté ce langage au lion.

M. Drouyn de Lhuys ne se rappelle-t-il plus la séance du 13 octobre 1849, au sein d'une assemblée issue d'un suffrage universel qui valait celui d'aujourd'hui? M. Thiers, rapporteur d'une commission comptant parmi ses membres MM. d'Hautpoul, Casabianca, La Moskowa, Hubert de l'Isle, tous quatre depuis sénateurs, présentait un rapport qui concluait à la défense énergique du pouvoir temporel, et il disait :

« La France a le droit de supplier le Saint-Père… (*Interruptions à l'extrême gauche.*)

« *Un membre à gauche.* Supplier à genoux ! ·

« *Un autre membre.* C'est un langage de capucin. M. de Montalembert doit être satisfait !

« M. Thiers, *rapporteur.* Je suis étonné de l'interruption. Je suis étonné qu'on ait assez peu de fierté pour ne pas comprendre la valeur des expressions, quand il s'agit d'une puissance qui n'a pas une armée de cinq cent mille hommes ! (*Très-bien, très-bien ! Bruits à l'extrême gauche.*)[1] »

M. Drouyn de Lhuys ne s'est pas aperçu non plus de la portée des paroles qui allaient se retourner contre lui-même, lorsqu'il écrit à M. de Sartiges : « Au commencement de 1859, le Saint-Père avait fait de son côté la proposition de fixer à la fin de cette année l'évacuation du territoire gardé par nos troupes. » Ainsi donc le Saint-Père se croyait à cette date parfaitement en mesure et de satisfaire ses sujets, et de faire respecter son pouvoir. Il ne s'agissait alors ni d'antipathie ni d'incompatibilité entre le pouvoir temporel et les conseils du gouvernement français. Qui donc a brusquement changé cet heureux état de choses ? Est-ce le Pape ? Pas du tout. C'est le gouvernement au nom de qui écrit aujourd'hui M. Drouyn de Lhuys ; c'est la guerre d'Italie.

L'année suivante, néanmoins, le Pape était encore prêt à reprendre la négociation sur les mêmes bases. Qui l'en empêcha de nouveau ? Est-ce que ce furent les vices du gouvernement pontifical ? Nullement. Ce furent la violation du traité de Zurich et les événements que chacun sait. Il est vrai que M. Drouyn de Lhuys ajoute : « Nous sommes frappés aujour-

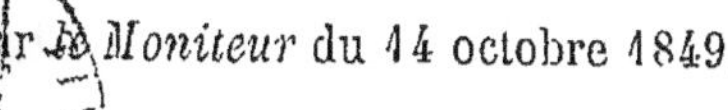

[1] Voir le *Moniteur* du 14 octobre 1849.

d'hui des heureux changements qui se manifestent dans la situation générale de la Péninsule. » En cela, je crois pouvoir l'affirmer, notre ministre des affaires étrangères se montrf mal renseigné, et il sera à peu près seul de son avis. Chacun de nous pourrait lui apprendre que Mazzini écrit à Londres ses proclamations pendant que M. Drouyn de Lhuys écrit à Paris ses dépêches ; que Garibaldi traversait la Manche au mois de mai dernier, pour aller chercher des encouragements populaires et de l'argent aristocratique ; qu'il débarquait au mois de juin à Ischia pour passer son état-major en revue et lui annnoncer avec les ménagements convenables que la question du Danemark n'ayant pas produit, comme on s'en était flatté, le bouleversement immédiat de l'Europe, la partie était remise, mais à bref délai.

Quoi qu'il en soit des appréciations d'heure et de circonstance, la dépêche est-elle mieux fondée dans son assertion fondamentale, à savoir : « Que les deux gouvernements « n'obéissant pas aux mêmes inspirations et ne procédant « pas d'après les mêmes principes, » le gouvernement impérial doit retirer ses troupes, sous peine de se trouver impliqué dans la solidarité de tous les abus romains ?

Ici, M. Drouyn de Lhuys néglige plus qu'une bienséance et oublie plus qu'un événement. Il met à néant les principes mêmes qui ont servi de point de départ à l'intervention française, et qui président à toutes les relations internationales entre souverainetés. Qu'on relise toutes les délibérations, tous les actes émanés des assemblées républicaines. On verra que jamais notre intervention n'a dû ni voulu prendre le caractère d'une ingérence directe, impérieuse et comminatoire. Notre secours, à pareil prix, eût été décliné par tout gouvernement gardant le respect de soi-même. Ici, la prétention n'est pas rejetée par le gouvernement pontifical seulement ; elle est rejetée par la catholicité tout entière. L'extrême gauche qui interrompait M. Thiers soutenait en même temps la doctrine qu'émet aujourd'hui M. Drouyn de Lhuys, et on lui répondait par les paroles suivantes, empruntées à Napoléon Ier, alors dans la trop courte sagesse de son consulat :

« Le Pape est hors de Paris, disait le général Bonaparte,
« et cela est bien. Il n'est ni à Madrid, ni à Vienne, et c'est
« pourquoi nous supportons son autorité spirituelle. A Vienne,
« à Madrid, on est fondé à en dire autant. Croit-on que,
« s'il était à Paris, les Viennois, les Espagnols consentiraient
« à recevoir ses décisions? On est donc trop heureux qu'il
« réside hors de chez nous, et qu'en résidant hors de chez
« nous, il ne réside pas chez des rivaux, qu'il habite dans
« cette vieille Rome, loin de la main des empereurs d'Alle-
« magne, loin de celle des rois de France ou des rois d'Es-
« pagne, tenant la balance entre les souverains catholiques.
« Ce sont les siècles qui ont fait cela, et ils ont bien fait.
« Pour le gouvernement des âmes, c'est la meilleure, la plus
« bienfaisante institution qu'on puisse imaginer. Je ne
« soutiens pas ces choses par entêtement de dévot, mais par
« raison. »

Cette citation catégorique était non-seulement applaudie, mais sanctionnée dans toutes les conséquences qui en découlent par la République de 1848. Or, s'il ne faut pas, pour le bon gouvernement des âmes, que Rome soit transportée à Paris, il ne faut pas davantage que Paris parle et agisse en maître à Rome. Du reste, c'est toujours la même fatalité en ce qui concerne le Pape. M. le comte de Sartiges lui déclare que le principe de non-intervention est la règle de notre gouvernement. Mais M. le baron de Malaret n'est point chargé de notifier en même temps au roi Victor-Emmanuel que la même règle lui sera appliquée et qu'il n'aura plus désormais ni à invoquer notre assistance, ni à réclamer celle de l'Angleterre ou de toute autre puissance à son gré. M. de Malaret n'est point chargé non plus de rappeler au cabinet de Turin avec quelle audace il a méprisé nos conseils officiels depuis cinq ans. Vous lui avez conseillé de ne pas prendre les Romagnes, il les a prises ; la Toscane, il l'a occupée ; les Marches et l'Ombrie, il les a envahies ; le royaume de Naples, il le possède. M. de Malaret ne remet point sous les yeux du roi Victor-Emmanuel la dépêche célèbre de M. Thouvenel, dans laquelle sont racontés les inqualifiables incidents qui précédèrent Castelfidardo. M. Drouyn de Lhuys ne se souvient pas davantage que l'empereur Napoléon III n'a fait, pour ainsi dire, que des guerres d'intervention : intervention pour le sultan, sans essayer toutefois de peser sur son gouvernement pour en obtenir, avant de quitter Constantinople, l'abolition de l'esclavage, de la polygamie ou de tout autre abus musulman ; expédition d'intervention en Syrie, guerre d'intervention contre l'Autriche, et, il s'en est fallu bien peu, guerre d'intervention pour le Danemark ; enfin, tout récemment, intervention de l'amiral Potel en faveur de l'empereur de Chine contre les Taï-Pings, sans que la France se crût pour cela solidaire des institutions du Céleste Empire.

Est-ce qu'à mon tour je prétends établir par là que tout est irréprochable et irréformable dans les institutions politiques ou judiciaires des États pontificaux, et que nous n'avions pas, en échange de notre appui, le droit de loyales représentations ? Dieu m'en garde ! Tel qui se range et doit se ranger parmi les adversaires de M. Drouyn de Lhyus en 1864, s'est peut-être levé plus matin que lui pour conjurer humblement Pie IX de persévérer dans la courageuse voie des réformes où cet infortuné Pontife était entré si spontanément. Mais les plus hardis dans cette voie s'inclinaient quand, d'un geste, Pie IX montrait les abîmes qui l'entourent. Tel qui se range aujourd'hui du côté du Souverain Pontife comme du côté du péril et de l'honneur, lui a, du moins, parlé, tant que ce langage a pu être entendu, au nom d'un libéralisme éprouvé. Il y a surtout un contraste par trop évident entre le gouvernement que vous servez et celui que vous admonestez.

Nous touchons désormais aux moments suprêmes, et il faut bien que la conscience chrétienne s'épanche tout entière avant de n'avoir plus qu'à gémir sur des désastres. Quoi! vous avez à peine douze années d'existence, et c'est vous qui déclarez à un gouvernement comptant douze siècles de durée qu'il n'est pas viable! Quoi! vous vous plaignez de vos conseils méconnus; mais le plus puissant de tous, le conseil de l'exemple, pourquoi donc ne l'avez-vous pas donné? Est-ce que faire briller la liberté en France ne fut pas toujours le meilleur moyen de la faire rayonner sur toute l'Europe.... Quoi! vous abandonnez à ses déplorables obstinations un gouvernement qui ne réalise pas à votre gré toutes les améliorations voulues, qui ne les réalise pas dans ces circonstances que je ne puis sans cesse redire, mais qui sont présentes à toutes les âmes et qui planent sur toute cette discussion! Quoi! Pie IX, le Pie de 1846 et de 1848, le Pie IX qui, vous le dites vous-même, vous tendait la main au moment de la guerre d'Italie, celui-là est un rétrograde, relaps, incorrigible, inexcusable, et vous, vous parlez au nom d'un gouvernement qui a pour origine une double sanction populaire, qui commande l'armée la plus vaillante, qui dirige la centralisation la plus précise et la plus rapide, et qui pourtant ne se croit pas encore en mesure de donner à Paris un conseil municipal librement élu, de renoncer à la loi de sûreté générale, de relâcher les liens de la presse, de rendre aux députés le droit d'initiative, de diminuer la pression officielle sur les élections, de retirer au conseil de préfecture, si dépendant du préfet, le jugement des actes préfectoraux, ni d'enlever au conseil d'État, nommé par les ministres, le contrôle presque exclusif des actes ministériels, etc., etc., etc. Peut-être plus d'un édifice, à Rome, manque de son couronnement, mais qui, en Europe, a le droit de déclarer que c'est là un cas de condamnation à mort? Jetons donc un coup d'œil modeste sur nous-mêmes, et n'allons pas, libéraux sans libertés, protecteurs sans protection, de la même main qui releva le trône de Pie IX enfoncer la couronne d'épines sur sa tête à cheveux blancs.

A côté des publicistes qui veulent nous faire envisager le salut de la Papauté dans l'abandon de la France et dans l'abnégation piémontaise, d'autres écrivains envisagent l'avenir de Rome sous les mêmes couleurs que nous; mais ils nous offront une consolation : le contre-coup des événements italiens, selon eux, se fera sentir en France par l'élargissement de nos franchises, et le gouvernement, sorti enfin de cette épineuse affaire, n'opposera plus de refus aux vœux constitutionnels. « Le jour où, dans la personne de son chef, « dit la *Revue des Deux-Mondes* [1], l'Église catholique sera « séparée de l'État, l'État, en France, n'aura plus le droit « de mettre aux libertés de l'Église ces limites spéciales, « exceptionnelles, qui étaient fixées par les Concordats. »

[1] Numéro du 1er octobre 1864.

Pour mon compte, j'ose affirmer que c'est le contraire qui sera vrai. Le contre-coup des catastrophes qui se préparent sera certainement immense dans notre pays ; mais l'émotion même qui en naîtra deviendra raison et prétexte à toutes sortes d'ombrages croissants et de précautions nouvelles. Oui, le contre-coup se fera sentir et dans notre politique intérieure et dans notre politique étrangère ; mais ce sera, dans l'une et l'autre sphère, en opposition avec les intérêts de la liberté.

Il est permis de s'en apercevoir déjà. L'un des bénéfices de la situation actuelle, au point de vue des hommes qui aiment et qui prêchent le despotisme, c'est la division jetée par la question romaine entre les amis des institutions franchement représentatives. Cette division sera caressée, fomentée avec art, et, entre nos litiges, l'arbitraire ne se fera pas faute de passer et de grandir. Beaucoup d'hommes indépendants, aujourd'hui, ne veulent pas qu'on leur signale cet écueil, et ne le reconnaîtront qu'après y avoir échoué ; mais l'écueil n'en existe pas moins. Beaucoup de libéraux sont satisfaits, aujourd'hui, d'entendre professer que les catholiques sont indignes de liberté, que c'est la théocratie qui règne à Rome, et la théocratie que nous voudrions imposer à l'univers entier. Mais, patience ! Quand les cléricaux seront mis hors de combat et hors de cause, tout ne sera pas fini, et le tour des autres opinions indépendantes sera venu. Il faut bien l'avouer aussi, les anticléricaux ne tomberont pas seuls dans le piége, et plus d'un catholique a chance de s'y laisser prendre. Nous en avons l'expérience sous nos yeux, et peut-être en est-il déjà quelques-uns à qui l'on pourrait appliquer cette parole de l'Écriture ; « *Noluit intelligere ut bene ageret*, ils n'ont pas voulu comprendre de peur de bien agir. » Mais, qu'on en soit bien convaincu, les écrivains, les députés, les sénateurs catholiques, les membres du clergé qui ne défendent pas aujourd'hui le Pape à Rome, ne défendront jamais rien à Paris. Faiblesse de jugement ou faiblesse de caractère, peu importe à qui n'a pas le droit de pénétrer dans le for intérieur, mais cette double faiblesse suivra les mêmes hommes partout. Les catholiques qui se laissent dire aujourd'hui que la question du pouvoir temporel appartient heureusement à l'ordre politique, que les conférences de Saint-Vincent de Paul ont pu être sacrifiées sans grand dommage pour la charité, que les ordres religieux peuvent être supprimés ou proscrits sans grand préjudice pour l'apostolat ; ceux qui se laissent dire cela s'en laisseront dire bien d'autres. Ils se laisseront dire notamment que tout comité électoral est une association criminelle, justiciable des tribunaux, que la moindre extension de la liberté de la presse va nous rendre la fièvre révolutionnaire, et qu'introduire un homme indépendant dans nos assemblées municipales, départementales ou législatives, c'est évoquer les anciens partis et préluder à l'anarchie. Soyez-en bien convaincus, libéraux, les catholiques craintifs ou infidèles que vous applaudissez aujourd'hui parleront et voteront un jour contre vous plus volontiers encore qu'ils n'auront parlé et voté contre eux-mêmes. Toutes les complaisances sont de la même famille et se prêtent un mutuel concours. Pourquoi toutes les indépendances n'ont-elles pas le même instinct? Pourquoi, au lieu de se fractionner en autant de petits groupes, de petits camps ennemis tirant les uns sur les autres, ne s'accordent-elles pas un mutuel respect et un mutuel appui? C'est à ce jeu que la liberté périt en France depuis quatre-vingts ans et qu'elle périra encore sans avoir connu autre chose que l'aurore de quelques beaux jours qui n'atteignent jamais leur midi. Beaucoup de libéraux s'y trompent, beaucoup s'imaginent qu'on leur payera demain la monnaie de leur inconséquence d'aujourd'hui ; ils sacrifient la justice sur l'autel de l'égoïsme et du préjugé ; bientôt ils pourront mesurer l'étendue de leur erreur ; bientôt ils apprendront à leurs dépens comme aux nôtres qu'ils se sont démentis et courbés en pure perte.

En attendant, ce que les officieux attaquent aujourd'hui à Rome, ce n'est pas sa hiérarchie, beaucoup aimeraient à s'en servir ; ce n'est pas son dogme, beaucoup le trouvent conservateur et d'autres y sont indifférents ; dans ces régions-là, la souplesse du pope russe est trouvée de bien meilleur goût que la rigidité du quaker ou du puritain. Ce qui blesse et ce qui importune à Rome, c'est l'indépendance morale à sa plus haute puissance et sous sa forme la plus imposante. Quand cette indépendance sera momentanément abattue, ce n'est pas dans l'Église seulement qu'il se fera un grand trouble, c'est dans le monde tout entier, dans le monde des esprits flottants et des âmes irrésolues. Tous les niveaux baisseront dans l'ordre des résistances généreuses ; un grand exemple manquera à la terre ; un profond affaissement y sera substitué. On reconnaîtra à l'amoindrissement du citoyen ce que c'est qu'une société où l'on tend, non à détruire le prêtre, mais à le diminuer et à l'asservir ; on verra jusqu'à quel point les libertés religieuses sont indispensables aux libertés politiques et de combien peu d'années les unes auront survécu aux autres. Pologne, Irlande, vous n'entendrez plus, retentissante d'un pôle à l'autre, la voix de votre défenseur couronné ! Opprimés de toutes les nations, clients délaissés par les heureux du siècle, votre avocat d'office ne pourra plus s'asseoir parmi les rois ! Cette épreuve, en ce qui regarde l'Église, sera, comme toutes les autres, passagère. Mais en ce qui nous touche, nous citoyens, nous qui n'avons ni les promesses éternelles de l'Église, ni politiquement parlant, la même force d'organisation et de réaction, notre éprenve peut être longue, et elle sera en tous cas bien honteuse.

L'influence de la convention du 15 septembre ne se fera pas sentir dans nos relations étrangères moins que dans notre situation intérieure, et dans un sens que je crois, également, aussi funeste à la liberté qu'à la prospérité du pays.

Je ne chercherai pas à prouver une fois de plus que l'intérêt catholique est l'intérêt français sur toute la surface du globe, comme le schisme grec est l'arme de la Russie et le protestantisme l'arme de l'Angleterre. Cette thèse a été péremptoirement démontrée et, si j'avais besoin d'une preuve nouvelle, je la saisirais dans ces applaudissements étrangers, dans cette joie des rivaux de la France dont les Franco-Piémontais ont la naïveté de se targuer ; mais je veux me renfermer simplement dans les limites de la politique impériale, et je n'appellerai de cette politique que devant cette politique elle-même.

Depuis la fondation du second Empire, la conduite de la paix et de la guerre a suivi deux routes, sinon opposées, du moins fort différentes. Dans l'une de ces voies, le gouvernement a paru s'appliquer à décliner avec la même fermeté les questions de conquête et les questions révolutionnaires. Cependant il n'est point, pour cela, demeuré inactif. Il a étendu son regard et sa main au loin. Il a paru un instant prendre à cœur la question d'Orient ; il a protégé le percement de l'isthme de Suez, comme qui veut s'ouvrir à soi-même le chemin des grandes transactions ; il a jeté hardiment, quelques-uns ont dit témérairement, nos soldats en Chine, en Cochinchine et au Mexique. Dans l'autre voie, il a paru obéir à des inspirations toutes contraires. Il s'est jeté en Italie ; il a réveillé à la fois toutes les jalousies d'en haut et toutes les passions subversives d'en bas. Il s'est aliéné nos alliés naturels, au point que nous avons peine à discerner aujourd'hui nos amis de nos ennemis en Europe.

De ces deux politiques différentes, je n'hésite pas à préférer la première. Je crois, et j'ai toujours cru, qu'elle est la vraie politique du XIXe siècle, qu'elle est le vrai remercîment que les hommes de notre temps doivent à Dieu, qui leur a départi le privilége de découvertes mécaniques et physiques si merveilleusement favorables aux vues lointaines et aux gigantesques entreprises. Là, tout est d'accord : le christianisme, qui a besoin d'expansion et dont la mission est de civiliser par l'Évangile jusqu'aux extrémités de la terre ; l'intérêt social, qui a besoin de vastes carrières et d'inépuisables débouchés pour tant d'intelligences à qui l'éducation est assurée et à qui nulle ambition n'est interdite ; enfin, le commerce qui se pratique aujourd'hui plus aisément de Paris à Pékin ou à Calcutta qu'il ne se pratiquait, il y a cent ans, de Paris à Marseille, et qui, pour sa sûreté, pour son libre développement, a besoin de retrouver de distance en distance des ports ouverts et le drapeau de la mère patrie. Mais pour que cette conduite générale porte ses véritables fruits, il faut que le gouvernement qui l'adopte y joigne les longues perspectives de la paix, la sécurité dans les alliances et la certitude, autant qu'on peut la donner ici-bas, qu'aucun revirement inopiné, aucune brusque surprise ne viendra traverser tout d'un coup tant de pensées à longue échéance. S'il en est autrement, si, comme on nous le laisse craindre en ce moment, nous restituons à prix d'argent des territoires chèrement conquis sur la barbarie de l'extrême

Orient, si, comme nous l'avons déploré à propos du Mexique, nos plans se transforment sur place, à deux mille lieues de leur base d'opérations ; si les nations qui devaient nous servir d'auxiliaire trouvent dans l'ambiguïté. des conventions un motif plausible pour nous fausser compagnie au jour même de l'entrée en campagne, alors les expéditions lointaines deviennent un mortel sujet d'inquiétudes et l'occasion de ruineux mécomptes. La civilisation recule au lieu d'avancer, parce que la barbarie attribue nos tergiversations à ses propres forces et à la terreur qu'elle nous inspire ; la société sent renaître ses périls en voyant se refermer pour les âmes énergiques et aventureuses les grandes issues de la gloire et de la fortune ; enfin, le commerce vient augmenter par son malaise le malaise universel.

Or, voici l'une des conséquences inévitables de la convention franco-piémontaise : c'est de nous ramener par la plus mauvaise porte dans la vieille arène des vieilles conflagrations européennes ; c'est de remettre encore une fois au jugement aveugle du glaive les questions de progrès politique et de substituer une fois de plus à la civilisation pacifique la révolution violente ; c'est de briser encore une fois toutes nos alliances solides avec les nations solidement constituées, pour lier plus étroitement les destinées de la France aux aventures d'un petit pays qui veut à toute force se servir de notre bras pour la satisfaction d'une insatiable convoitise ; enfin, c'est donner à l'Angleterre un ascendant matériel comparable à son ascendant moral. Elle a elle-même trop le goût et le besoin des développements extra-européens pour venir nous contester en face le droit de développements analogues. Mais si, lorsque nous avons trois ou quatre corps d'armée au delà des mers, nous venons gratuitement, légèrement nous créer une guerre considérable à nos portes, quelle tentation pour les Anglais de se jeter dans la querelle en coupant le retour à nos intrépides soldats, prisonniers sans défaite, et vaincus non par un ennemi supérieur, mais par l'invincible puissance de la géographie! Il faut donc que la France choisisse entre la politique du xixe siècle, celle qui prend les chemins de fer, la vapeur, l'électricité pour le point de départ de glorieuses, d'industrieuses entreprises, et la politique du xviie siècle, qui, sans les motifs de ce temps-là, en revient aux rivalités de la maison de France et de la maison d'Autriche, au passage du Rhin et aux guerres à bout portant sur un théâtre toujours le même de cent lieues carrées. Mais ces deux politiques, ces deux époques, on ne peut pas les mener toutes deux de front; les confondre ensemble, c'est les ruiner l'une par l'autre.

Maintenant résumons-nous et concluons.

La convention du 15 septembre est un acte sans exemple peut-être dans les fastes d'un gouvernement régulier, parce que c'est, à cinq ans d'intervalle, un traité stipulant, pour condition expresse, l'annulation d'un autre traité signé à propos des mêmes territoires et des mêmes intérêts; parce que c'est la destruction du traité de Zurich par le fait même de ceux qui l'avaient conclu, sans qu'aucune infraction soit imputée à la troisième partie contractante; parce que nous exigeons du roi Victor-Emmanuel qu'il transfère le siége de son gouvernement à Florence, tandis qu'en même temps nous sommes encore authentiquement engagés envers l'Autriche à voir, d'un œil favorable, le grand-duc de Toscane rentrer dans sa capitale; parce qu'il est impossible que, d'une situation si fausse, ne ressorte pas invinciblement une atteinte grave à notre autorité morale.

Si l'on me répond : Vous êtes un rétrograde ; je replique :
Je le suis moins que vous ! Je prends la politique de mon
pays là où l'ont portée soixante ans de progrès et de découvertes, et je lui dis : Marchez en avant ! Vous, vous lui
criez : Regardez en arrière ! Et vous lui donnez pour mo-
dèles la politique du Directoire en Italie, les plus fâcheuses
inspirations du premier Empire en face de l'Europe !

Si l'on me dit : Vous êtes un critique systématique du
second Empire : je réplique : Mes reproches valent mieux
pour lui-même que vos adulations. Napoléon III avait, à
son avénement, promis deux grands bienfaits, la liberté
progressive et la paix. Qu'avez-vous fait de ces promesses?
Qu'avez-vous fait de la paix, j'entends la paix dans sa plus
haute acception, la paix dans les esprits, dans les cons-
ciences? Qu'avez-vous fait d'une marche, si lente qu'elle
fût, vers la liberté, j'entends la liberté franche, pratique, égale
pour tous? Le parlement piémontais va s'ouvrir ; il peut, ce
qui n'est pas vraisemblable, déchirer la convention du
15 septembre ; un caprice révolutionnaire peut la fouler aux
pieds. Eh bien ! sachez que ce parlement ou cet événement,
quel qu'il soit, qui mettrait votre œuvre à néant, vous ren-
drait le meilleur service que vous pussiez attendre de la plus
clairvoyante et de la plus patriotique des assemblées fran-
çaises, à supposer qu'elle eût été consultée.

Si l'on me répond : Vous êtes un ennemi de l'Italie ; je
réplique : Personne n'honore plus que nous, catholiques, ce
cher et noble pays : chacun de nous l'aime et l'habite par
quelque côté intime du cœur, par les arts, par la poésie, par
la splendeur de sa nature, par son histoire, par la foi ! Et ce
sont toutes ces grandeurs, tous ces éléments constituant le
génie d'un peuple, qui se dressent contre votre entêtement

d'unification violente et factice. Tous les grands Italiens sont avec nous, depuis le Dante jusqu'à César Balbo, et, de votre côté, on n'aperçoit qu'un homme, un seul, celui dont les écrits sont le code de la tyrannie servie par la ruse et précédée du mensonge ; mais la statue de Machiavel est indigne du Capitole et sa politique est de celles que l'on ne doit jamais suivre, puisque l'on ne peut jamais l'avouer.

PARIS. — IMPRIMERIE DE V. GOUPY ET Cᵉ, RUE GARANCIÈRE, 5.